La belleza de matar bien a papá

ALONSO TRENADO

Aliarediciones

Del prólogo: Ana Turpin
Del epílogo: David González
Corrección: Inés González Calo
Diseño de cubierta: Alonso Trenado
Maquetación: Aliar Ediciones

Depósito Legal: GR 758-2024
ISBN: 978-84-10374-13-3

Impreso en España

Edita
ALIAR Ediciones
www.aliarediciones.es
info@aliarediciones.es

Prólogo

Cuando leí por primera vez el texto de Alonso tuve la sensación de estar delante de algo muy profundo, algo que de alguna manera nos toca y nos involucra a todos. El tema, por no decir el temazo, que nos propone aquí su autor es LA FAMILIA DISFUNCIONAL.

La belleza de matar bien a papá nos habla de esta dinámica en desarmonía, presentándonos a una familia formada por la madre, las cenizas de su marido y las dos hijas del matrimonio.

Personajes rotos que tratan de entender su historia familiar buscando una lógica y una explicación del porqué hacen lo que hacen. Una especie de huida hacia delante donde van poniendo parches a su pasado sin ser capaces de buscar honestamente la responsabilidad personal en aquello que les sucede. ¿Les suena?

Eso sí, todo esto está narrado con un gratificante humor negro, tan ácido y corrosivo que permite que el espectador disfrute intensamente de este viaje hacia los infiernos que nos propone su autor.

Lo que más me gusta de este microcosmos asfixiante y claustrofóbico son las preguntas que genera: ¿Dónde está el límite del abuso? ¿Por qué somos capaces de permitirlo y justificarlo? ¿Por qué nos cuesta tanto poner límites? ¿Por qué nos enganchan las situaciones tóxicas? ¿Por qué nos autoengañamos?

Preguntas maravillosamente aterradoras que nos ponen ante nuestro propio espejo.

Responderlas nos exige la aceptación de nuestra responsabilidad, la humildad y el coraje para emprender los cambios necesarios hacia la creación de una nueva identidad.

Alonso nos propone a través de este texto, un viaje delicioso hacia nuestras sombras. Y es ahí precisamente donde nos esperan nuestros diablos internos deseosos de cogernos de la mano para ponernos en situaciones bizarras, esperpénticas y hasta paranormales. El objetivo: intentar despertarnos y que finalmente tomemos conciencia de nuestros dramas para transcenderlos.

Solo así podremos reírnos a carcajadas de nuestros miedos, limitaciones y justificaciones.

Aterrador, ¿verdad? Pero lo peor sería no seguir leyendo.

¿Están listos para pasar página?

Ana Turpin
Actriz

Para Hugo y para Raquel.
Para mi madre y mis hermanos.

La belleza de matar bien a papá

ALONSO TRENADO

DRAMATIS PERSONAE:

MARÍA: La madre.

SUSANA y **ANA:** Las hijas.

Focos.

Un pequeño apartamento viejo y decadente en el que la cocina da al salón. Seguro que hay un frigorífico, una mesa camilla, tres sillas alrededor de la mesa, un sofá y una tele. En ese lugar hay tres mujeres. Las tres, muy sofocadas, pelean con violencia. Respiran con dificultad. María y Ana atacan a Susana y esta se defiende a duras penas. En un instante las dos atacantes sueltan a la tercera.

MARÍA: ¡Ya está!¡Ya ha parado!

SUSANA: ¡Qué hacéis! ¡Qué hacéis! ¡Me habéis jodido la cara!

ANA: Yo no he hecho nada.

MARÍA: Ninguna hemos hecho nada.

Se mantienen en silencio, todavía impactadas por la situación que acaban de vivir. Están en shock y no se fían. Susana coge la caja de cerillas de la cocina y una botella de vino en la otra mano.

SUSANA: ¡Si volvéis a acercaros a mí lo quemo todo, mecagonlahostia!

MARÍA: Hija...

SUSANA: ¡Sabes que soy capaz!

ANA: ¡El vino no prende!

SUSANA: ¿Probamos?

ANA: La harina. La harina prende. ¿Te acuerdas?

SUSANA: (Amenaza con darle un golpe con la botella a su hermana, pero no se atreve a acercarse). (Entre dientes). Eso fue un accidente.

MARÍA: ¡Parad ya!

ANA: ¿Qué vamos a hacer, mamá?

MARÍA: Esperar.

ANA: Esperar.

MARÍA: A que se canse.

SUSANA: ¿Qué se canse? ¿Que se canse quién?

MARÍA: Bien lo sabes.

SUSANA: No sé de qué hablas.

MARÍA: Tu padre.

SUSANA: ¡Está muerto! ¡Papá está muerto!

ANA: ¡Ssssshhhhh! ¡No lo digas tan alto que te puede oír!

SUSANA: ¿Pero se nos está yendo la cabeza? ¡Papá está muerto! ¡Muertito! ¡Muerto! El funeral es mañana. Muerto, muerto.

MARÍA: ¡Susana, no lo provoques más!

ANA: ¿Cómo explicas todo esto entonces?

SUSANA: Ni idea. Sois unas hijas de puta las dos. Ni idea.

ANA: ¿Me estás diciendo que realmente te queremos matar a hostias?

Silencio.

SUSANA: ¡Papá está muerto!

MARÍA: ¡Susana, respeta!

SUSANA: ¡Mamá!

Silencio. Se limpian las heridas.

MARÍA: Una cosa, Susana. Pasando a otro asunto.

SUSANA: ¿Pasando a otro asunto? ¡Que me acabáis de dar de hostias y me estás diciendo que es culpa de papá, que os ha poseído! Papá, no me jodas ¿papá? ¿Papá? ¡Que mañana tenemos el funeral!

ANA: Eso, el funeral.

MARÍA: El funeral fue ayer.

SUSANA: ¿Cómo?

MARÍA: No podíamos esperarte.

ANA: No podíamos.

SUSANA: ¿Pero?

MARÍA: Todo el mundo allí en el tanatorio... ¡Qué horror!

ANA: No podíamos.

MARÍA: Y eso de velarlo toda la noche. No se lo merecía. Con todo lo que nos hizo pasar a las tres.

ANA: Es que no podíamos.

SUSANA: ¡Que me he hecho dos mil quinientos kilómetros para venir a este puto apartamento!

ANA: Alguno menos.

MARÍA: ¡Ana, no jodas!

ANA: ¿Desde Edimburgo? Dos mil trescientos kilómetros o así.

MARÍA: Queríamos verte.

SUSANA: ¡Es que no sé ni qué decir!

ANA: Di «gracias». Te hemos evitado el trago de aguantar el funeral del cabronazo de tu padre. Un «Gracias, Ana» no cuesta tanto. ¿Tan jodido es volver? ¿Te trae malos recuerdos?

Algunas seguimos viviendo aquí. Te contaré un secreto, si pegas la nariz bien a la pared todavía huele a humo.

MARÍA: ¡Vale, Ana!

Silencio.

SUSANA: ¿Lo habéis enterrado?

ANA: No.

SUSANA: Menos mal, que el billete de avión me ha costado una pasta...

ANA: (Cortándola). Le hemos incinerado.

SUSANA: Pero si papá quería una tumba en...

ANA: (Vuelve a cortar). Está en una urna.

SUSANA: ¡Papá era claustrofóbico!

ANA: ¡Ya no!

MARÍA: ¡Ana!

SUSANA: ¡Esto está mal! ¡Os habéis pasado por el forro las últimas voluntades de papá! ¡Papá quería una tumba al lado de la abuela y no una urna en un nicho cualquiera!

ANA: Un nicho dice.

MARÍA: Está en el frigorífico.

SUSANA: ¿En la morgue?

ANA: En el frigorífico, ahí, en el frigorífico.

SUSANA: (Corre y abre la puerta del frigorífico). ¡Papá!

ANA: ¡Ya sabes lo que le gustaba el aire fresco!

SUSANA: ¡Le gustaba el monte!

MARÍA: También le gustaba el jamón. Lo hemos puesto al lado del jamón.

SUSANA: ¿Os habéis vuelto locas?

Ana y María pierden el control de su cuerpo. Hablan a gritos.

ANA: ¿Lo ves, Susana? ¡Es papá!

MARÍA: ¡Nos controla!

ANA: ¡Nos va a matar!

Susana, con mucho miedo, se acerca para intentar ayudarlas. Ana aprovecha para pegarle un golpe. La posesión para.

Silencio.

ANA: ¡Lo siento! ¡Ha sido papá!

MARÍA: Ha sido tu padre.

Susana se tira a golpear a Ana. María las separa justo a tiempo.

SUSANA: ¡Iros a la mierda! ¿No te jode? Me vais a contar ahora que cada vez que me dais una hostia es porque papá os posee.

Silencio.

SUSANA: ¿Por qué iba papá a querer ahora que me dieseis de hostias, par de gilipollas?

MARÍA: ¡Tranquilízate!

SUSANA: No me digas que me tranquilice, que las locas sois tú y mi hermana, que muchos años de psicólogos me ha costado poder estar con vosotras en la misma habitación.

MARÍA: ¡Nadie está loca!

SUSANA: ¡Vosotras sí!

ANA: ¿Quieres saber por qué nos está pasando esto?

Susana se vuelve a tirar a golpear a Ana pero María de nuevo se lo impide. Pausa.

ANA: (Susurra). Nosotras matamos a papá.

MARÍA: ¡Ana, suave, joder, que ya hemos hablado de esto!

Silencio largo.

SUSANA: Ni se os ocurra acercaros. ¿Qué queréis de mí?

MARÍA: Susana, no vamos a hacerte daño...

ANA: Si cooperas.

MARÍA: La estás asustando.

María y Ana se van acercando a Susana.

MARÍA: Susana, tú eres artista, lo vas a entender en seguida.

SUSANA: Soy influencer, joder. ¿De qué hablas?

ANA: Estudiaste dos años de Bellas artes, lo dejaste y estudiaste un año de Filosofía y otro año de Periodismo, algo se te habrá quedado. Yo trabajo en una residencia limpiando culos.

MARÍA: Tú nos vas a comprender. Queremos que escribas sobre nosotras.

SUSANA: ¿Escribir?

ANA: Un ensayo, un manifiesto, da igual, algo muy intelectual para dejar para la posteridad lo que estamos haciendo. No te preocupes, Mamá lo tiene todo escrito en un diario.

SUSANA: No sé de qué estáis hablando.

MARÍA: «El arte de matar», «Mucho arte matando», algo así.

ANA: O «La estética del asesinato»... algo que esté a la altura.

SUSANA: ¿Pero a la altura de qué?

MARÍA: Algo para que la gente entienda nuestro compromiso.

ANA: El compromiso con la muerte y la belleza.

SUSANA: ¿La belleza de matar a papá?

MARÍA: La belleza de matar bien a papá.

Silencio. Ana y María esperan una respuesta que no sucede.

ANA: El «true crime» final. Como en las series documentales de asesinos, pero esta vez las asesinas somos las buenas.

MARÍA: Para eso nos tienen que entender. Hay una filosofía. No hay que matar torpemente y sin ton ni son. Eso ya lo hacen los políticos, los generales, los grandes estadistas y los anestesistas. Para nosotras el asesinato es un arte.

SUSANA: (Sigue el delirio de su madre y su hermana sin poder decir una palabra).

ANA: Igual hasta podríamos forrarnos montando una consultoría para gente que quiere matar bien. Dar conferencias por medio mundo. Un consultorio. Un podcast... «Matabien S.A.».

SUSANA: No.

ANA: ¿No, qué?

SUSANA: ¿Estáis drogadas?

ANA: Yo llevo en algún sitio un porro. ¿Quieres?

MARÍA: Susana, ¿recuerdas cuando eras pequeña y te portabas mal? ¿Qué pasaba cuando te portabas mal?

Pausa.

MARÍA: Pues eso, no te portes mal.

Silencio.

SUSANA: No estáis bien.

ANA: Nosotras ya estamos fenomenal.

MARÍA: ¿No nos ves fenomenal?

ANA: ¿No?

Pausa.

MARÍA: Mira, antes no, antes estábamos fatal. No entendíamos nada de la vida, no leíamos, no nos cultivábamos.

ANA: Nada, no nos cultivábamos nada.

MARÍA: No nos encontrábamos bien.

ANA: Nos encontrábamos mal.

MARÍA: Teníamos... una ansiedad vital, ansia viva que se traducía en desconcierto, parálisis, todo el día sentadas viendo a Brigitte en la tele.

ANA: (Con asco). La tele.

MARÍA: Fuimos al médico.

SUSANA: ¿Juntas?

MARÍA: Juntas. Pero el médico era un gilipollas pretencioso.

ANA: ¿Ves? Pretencioso. Una palabra que antes no hubiésemos utilizado. Pretencioso.

MARÍA: Ya estamos fenomenal.

ANA: Fenomenal.

SUSANA: Fenomenal.

MARÍA: Salimos del médico con más ansiedad de la que entramos.

ANA: Yo tengo mal el colesterol.

SUSANA: ¿Eh?

ANA: El colesterol. Fatal. El bueno lo tengo malo y el malo lo tengo peor. La ansiedad es mala para el tema de los churros.

SUSANA: No sé de lo que hablas.

MARÍA: La ansiedad nos da hambre. Salimos del médico, entramos en un bar y pedimos cuatro raciones de churros.

ANA: Dos raciones para cada una. A mí me empezó a doler el plexo solar...

MARÍA: (Le corta). Plexo solar, muy bien colao, ahí, plexo solar. Muy sonoro.

SUSANA: El plexo solar no es lo que pensáis.

ANA: (Le corta). Me dolía el plexo solar, pensé que era el colesterol, que me moría de un ataque al corazón. Sudaba. Dejé los churros y me acerqué como pude al baño. Quería refrescarme la cara y ahí, casi me desmayo. El dolor era inexcusable.

MARÍA: Inexcusable, qué bien ahí, inexcusable.

SUSANA: ¿Inexcusable?

ANA: Inexcusable, inexcusable, que no se puede excusar...

SUSANA: Ya, pero...

ANA: (Le corta). El dolor era ya inexcusable. Me eché agua en la cara, me miré al espejo, estaba pálida y entonces me di cuenta: era el primo ruso.

SUSANA: ¿Qué primo ruso? No tenemos...

ANA: (Corta). ¡La regla!

MARÍA: ¡Con lo bien que ibas ahí con el plexo solar inexcusable!

ANA: Me tomé un ibuprofeno. Poco a poco me iba sintiendo mejor. Me puse un tampón y al ir a subirme las bragas vi pintada en la puerta una frase: «Morituri mari».

SUSANA: ¿«Memento mori»?

ANA: ¡Era «Morituri mari»! «Recuerda que vas a morir». Lo vi en Google.

MARÍA: ¡Esto era! ¡Esto! ¡Que nos vamos a morir!

ANA: ¿De qué sirve vivir sentadas en el puto sofá? En la pintada habían dejado también un número de teléfono.

MARÍA: Ana me lo contó y llamamos. Era un psiquiatra.

ANA: Es nuestro psiquiatra.

SUSANA: ¿Tenéis psiquiatra?

MARÍA: Lituano.

ANA: Estamos fenomenal.

MARÍA: Ahora ya estamos fenomenal.

ANA: Es un tío cultísimo y guapísimo.

MARÍA: En sus ratos libres hace recetas de cocina en redes sociales.

ANA: Hígado al limón, pulmón estofado, sesitos al parmesano... ¡Tiene una mano!

MARÍA: Bueno, después de escuchar nuestra desazón fue tirando del hilo, guiándonos. Le contamos lo nuestro con papá.

ANA: Por supuesto íbamos al psiquiatra las semanas que papá se marchaba.

MARÍA: Él nos habló de sobrevolar el modo en el que vivíamos, el «modo de supervivencia». También de la doctrina del shock.

ANA: Como la bomba de Hiroshima. Que el trauma es tan grande que permites lo que sea con tal de no volver a vivir algo así, pues lo mismo, pero con papá. Papá tiró la bomba de Hiroshima en esta casa. En sentido figurado, entiéndeme.

MARÍA: Le hablamos de ti, de lo frágil que eras y de que no querías saber nada de nosotras.

SUSANA: ¿De mí?

MARÍA: El caso es que nos dio la solución.

Ana y **MARÍA:** El Yoni siempre por encima.

SUSANA: ¿Eh?

MARÍA: El coño, chocho...

ANA: Concha, chirla...

MARÍA: Yoni, es sánscrito, ¿sabes?

ANA: Esto también nos lo contó él. Lo del sánscrito. El Yoni por encima. Mostrar nuestra superioridad femenina sobre papá.

MARÍA: No nos entiendas mal. Sabemos que matar es malo.

ANA: Pero lo captamos claramente. Había que matarlo.

MARÍA: No había otra opción. Eso sí, una muerte con contenido. Bien elaborada y también con un objetivo final: la empatía.

ANA: Comprender a tu enemigo.

MARÍA: Nos habló de las tribus Korowai...

ANA: De los Fore...

SUSANA: Vamos a ver, vamos a ver. Perdonadme. Papá nos manipuló durante años, pero es ahora cuando habéis conocido a un psiquiatra lituano que os ha comido la cabeza para que lo matéis.

MARÍA: Y comprender su alma.

ANA: Y superar nuestro trauma, sí, el de las tres.

SUSANA: A mí no me metáis.

ANA: Tú ya eres cómplice.

SUSANA: No, no, no.

MARÍA: Ahora sabes lo que hemos hecho... eres familia, no irás a contárselo a la policía.

SUSANA: Pero...

ANA: Si vienen los señores agentes igual hay que decirles que tú lo sabías todo. Además, tú lo sufriste tanto como nosotras. Buscarán en sus archivos, verán lo del incendio, todo muy sospechoso. Es lógico que quisieras matarlo.

SUSANA: Pero si no me encuentran aquí...

ANA: No te vas a ninguna parte, Susana.

Silencio.

MARÍA: A ver, que no es para tanto. Además, ya no tiene marcha atrás.

ANA: No se debe matar, pero esto no tiene marcha atrás. Ya está muerto.

MARÍA: Una vez asesinado, y sabiendo que ya no se puede hacer nada por el difunto, es claramente el momento de contemplar nuestra obra.

ANA: La belleza, la técnica, lo apropiado de esa muerte...

MARÍA: ¡El arte!

SUSANA: ¡No sabéis nada de arte!

ANA: Lo hemos buscado en internet.

SUSANA: (Le corta). La belleza por sí misma no es arte.

ANA: Claro, la forma sin el fondo y sin la técnica...

SUSANA: (Le corta). La técnica por sí misma tampoco es arte.

MARÍA: Es un lío.

SUSANA: Es necesaria una intención, también.

ANA: Intención sí tenemos.

SUSANA: El arte no te deja pasar de largo, te paraliza, te obliga a encararlo.

ANA: Y por eso tú no te vas a ir.

Silencio.

SUSANA: Además, el artista no busca la belleza en sí misma, busca la verdad, por oscura que sea, lo que nos hace humanos.

MARÍA: ¿Ves?

SUSANA: ¿Eh?

MARÍA: ¿Qué hay más humano que el odio?

SUSANA: ¿Qué odio?

ANA: El nuestro por papá.

SUSANA: El vuestro.

MARÍA: El odio, en esta familia, se lo ha comido todo durante años. Me odiaba a mí misma, odiaba a vuestro padre. Os llegué a odiar a vosotras.

Silencio.

SUSANA: Mamá.

ANA: El odio familiar convertido en arte.

MARÍA: Yo no sabía por qué odiaba. Lo que hacía tu padre me parecía... normal. ¿Por qué le odiaba?

SUSANA: ¿Y las palizas?

ANA: Bueno, palizas...

MARÍA: Igual te he dado algún bofetón. Eras rebelde.

ANA: ¿Por qué no te preguntas qué hacías tú?

SUSANA: Ninguna madre debería ponerle la mano encima a su hija, no importa lo que haya hecho.

MARÍA: Creía en tu padre.

Silencio. Ana se va hacia el frigorífico y saca un plato de croquetas.

ANA: ¿Ves? El odio. El odio solo se combate con amor y comprensión. Te queremos, Susana.

MARÍA: Ahora comprendemos nuestro odio y te comprendemos a ti.

ANA: Estas son las croquetas del amor.

SUSANA: En mitad de todo esto habéis hecho croquetas.

MARÍA: Porque te queremos. Desde lo tuyo no había entrado harina en esta casa. Pero hemos comprado un montón de paquetes de harina para la bechamel, solo por ti. Es una ofrenda.

ANA: De amor.

MARÍA: Nos sentamos y nos las comemos juntas, ¿eh?

ANA: Como cuando éramos pequeñas. No podíamos salir de casa. Papá se marchaba y nos dejaba a las tres delante del televisor y mamá hacía croquetas y nos las comíamos en el sofá.

MARÍA: Tú llorabas al lado de la puerta. También gritabas y pataleabas. Luego, agotada por el berrinche, te sentabas a mi lado. Yo te secaba las lágrimas y te daba una croqueta. A veces yo también lloraba de impotencia. No sabía qué decir para calmarte. A veces no llegabas ni a comerte la croqueta. Te dormías en mi regazo y ya estaba. Volvía el silencio y esperábamos. Esperábamos.

Pausa larga.

MARÍA: Susana, anda, ven al sofá.

Ana y María se sientan. Susana sigue de pie. Se ha quedado enganchada en ese recuerdo.

SUSANA: Me sentaba al lado de la puerta. Sonaba el motor del ascensor y yo esperaba que fuese él. Papá. Que volviese a casa. Pero pasaban días enteros antes de que volviese a casa. Yo era muy pequeña. Ni siquiera me extrañaba no ir al colegio. No sabía lo que era el colegio. (Se acerca a la puerta y pone la oreja). Nada. ¡Qué silencio! Esta comunidad solía ser muy ruidosa.

ANA: ¡Eh! ¡Estamos aquí!

MARÍA: Ven con nosotras, Susana, tenemos croquetas.

ANA: Como cuando éramos pequeñas.

MARÍA: Come croquetas, que han salido riquísimas.

ANA: Riquísimas las croquetas. Come.

SUSANA: No tengo hambre. Tengo el cuerpo cortado. No sé cómo podéis tener hambre.

MARÍA: (La corta). Hice muchas croquetas. Muchas.

ANA: Hicimos.

MARÍA: Tu hermana me ayudó.

ANA: Hicimos decenas, ¡decenas!

SUSANA: Será por la ansiedad.

MARÍA: No, no lo creo.

ANA: No.

SUSANA: Ni un ruido en la escalera. Ni una vecina llamando al ascensor.

MARÍA: Hicimos tantas que he ido repartiendo a las vecinas.

ANA: Como cuando se muere alguien en las películas americanas, pero al revés. Hemos ido nosotras casa por casa repartiendo croquetas en recuerdo de nuestro difuntísimo padre.

MARÍA: Salieron buenísimas, come.

ANA: Come, que salieron buenísimas.

Silencio.

SUSANA: ¡Qué silencio!

ANA: Bueno, estarán comiendo croquetas.

MARÍA: O mejor, las habrán comido ya y les estarán haciendo efecto.

Silencio.

SUSANA: ¿Efecto? ¿Qué habéis puesto?

MARÍA: Las drogas son malas, no digas tonterías.

ANA: Son malas casi siempre.

MARÍA: Di «no» a las drogas.

ANA: Di «a lo mejor» a las drogas.

MARÍA: Susana, ¿tú no andarás con drogas?

SUSANA: ¡Mamá!

ANA: ¡Come croquetas, anda!

SUSANA: ¿Qué coño le habéis hecho a las croquetas?

ANA: Hacerlas, las hemos hecho por el método tradicional.

MARÍA: Bechamel, huevo y pan rallado. Hay gente que al pan rallado le echa ajito y perejil, que no digo que así no estén buenas, pero a mí me parecen un poco fuertes.

ANA: Nah, nosotros hemos probado una variación en la receta.

MARÍA: Hemos probado con papá.

SUSANA: ¿Cómo que habéis probado con papá?

MARÍA: Te he dejado la receta en el diario. Vamos mezclando las cenizas de papá en el pan rallado.

ANA: Lo llamamos «papán rallado». Es que tenemos mucha ceniza, no pretenderás que esté el frigorífico ocupado para siempre.

MARÍA: Hay que gastarlas.

SUSANA: ¡Pero qué asco!

MARÍA: ¡Eh! ¡Un respeto a tu padre! ¡Era un cabrón, pero era tu padre!

SUSANA: ¿Le habéis dado de comer las cenizas de papá a todas las vecinas?

ANA: ¡Todas sabían lo que pasaba en esta casa! ¡Que se jodan!

MARÍA: Todavía quedan cenizas. Vamos a hacer filetes empanados luego.

SUSANA: ¿Sois conscientes de lo enfermo que es todo esto? ¿Os dais cuenta de por qué me fui?

ANA: No nos vengas ahora otra vez con la cosa de la pobre niña que no entiende a su familia. Yo tampoco lo entendía. Me aguantaba y tiraba. Ahora ya he entendido mucho mejor. Matar a papá, comérnoslo, ser empáticas con él. Ya comprendo a esta familia mejor. Está claro. Estamos rotas en pedazos. Esto no hay quién lo solucione. Ya estamos fenomenal.

MARÍA: Bueeeeno, bueno, tranquilidad. Susana, por favor, come croquetas.

SUSANA: ¡Que no!

MARÍA: Te va a hacer bien, en plan venganza después de todos los años que nos hizo sufrir. Lo estás necesitando mucho.

SUSANA: Yo ya lo tenía superado.

ANA: Lo tenías, ¿ves? Ya no lo tienes. Tienes que volver a superarlo.

SUSANA: ¿Eh?

MARÍA: Come, de verdad, que le jodan a tu padre.

Susana corre hacia la puerta para intentar escapar. Ana y María no pueden reaccionar a tiempo.

ANA: ¡Será puta!

SUSANA: (Frena justo al escuchar el insulto. Tiene el pomo de la puerta en la mano. Se gira y las mira a ambas).

Silencio.

SUSANA: No puedo abrir la puerta.

Silencio.

MARÍA: ¿¡Lo ves!? ¡Es vuestro padre! ¡Ha atrancado la puerta!

ANA: ¡Lo ha vuelto a hacer! (Se acerca al frigorífico y abre y grita dentro). ¡Cabróooooon! (Coge una croqueta y se la come. Mirando hacia arriba). ¡Te jodes, cabronazo!

SUSANA: ¿Por qué miras hacia arriba?

ANA: Porque está muerto.

SUSANA: ¿Y está en el cielo?

ANA: (Se queda pillada con la croqueta en la boca. Mira hacia arriba, hacia abajo...).

MARÍA: ¡Claro que tu padre está en el cielo! Aquí somos cristianos.

ANA: Claro, ¿dónde si no?

MARÍA: Ya lo dijo el cura. Todo lo que haya hecho está perdonado. No somos nosotras las que le vamos a juzgar. ¡Que le juzgue nuestro señor!

SUSANA: ¡Coño! ¡Esta sí que es buena!¡Nos vale todo! Ritos paganos, cristianos, posesiones, el cielo, el infierno, canibalismo...

ANA: ¡Antropofagia!

MARÍA: ¡Qué buena esa palabra! ¡Antropofagia! ¿Ves? Estamos mejor. Canibalismo, que palabra tan fea.

SUSANA: Al budismo no le dais, ¿no?

ANA: Yo al sexo tántrico sí le doy.

MARÍA: Ana, yo esto no lo tengo por qué saber.

SUSANA: Mirad, no sé qué está pasando aquí, pero necesitáis ayuda. Hay que ir a la policía.

ANA: Te meto una hostia y te estampo si vuelves a nombrar a la policía.

MARÍA: (Se pone rígida).

SUSANA: ¿Mamá?

ANA: Ya estamos.

SUSANA: ¿Qué estamos?

ANA: Ya estamos otra vez.

SUSANA: ¿Pero qué estamos?

ANA: Ahora quiere Blablar.

SUSANA: (Hace gestos de no entender absolutamente nada).

ANA: Ahora papá quiere explicarnos algo... pero todo es...

MARÍA: (Corta a su hija y comienza a blablar con mucha intención, un pensamiento muy profundo). Blabla. Blablablabla. Blablabla blablablá blabla.

Mientras Susana y Ana discuten María seguirá blablando de fondo.

ANA: (Susurrando a Susana). Esto pasa desde ayer. Debe ser algo muy importante, pero no dice nada de nada. (A María/padre). Blablá, ¿verdad, papá?

Ana y María/padre se parten de risa.

SUSANA: ¡Vete a la mierda, mamá!

ANA: Es papá. No le hables así.

SUSANA: ¡Suponiendo que esto sea verdad!

ANA: Cuando se pone así no hay nada que hacer. Puede estar una hora explicando... explicando... explicando... explicando. Todo un señoro.

SUSANA: ¿Y?

ANA: ¿Y?

SUSANA: ¡Que esto es horroroso! A ver, si fuese cierto... ¡Está tomando el cuerpo de mamá a su antojo!

ANA: ¡Vaya novedad!

Silencio.

ANA: Mira.

Ana coge a María/padre del brazo y la acompaña hacia una esquina. La pone contra la pared. María/padre, de repente deja de blablar. Se queda analizando la pared, como intentando descifrarla.

ANA: Esto lo he aprendido esta mañana. Así, al menos, deja de explicarnos cosas. Se queda ahí. No hay nada más para él.

SUSANA: Para ella.

ANA: Para él.

SUSANA: Y esto, ¿cuándo se acaba?

ANA: Ayer eché una cabezada y al despertar ya volvía a ser mamá.

SUSANA: (Se acerca a María/padre y la observa muy de cerca). Esto es lo de la caverna.

ANA: (La mira desconcertada).

SUSANA: Si es cierto que papá está dentro de mamá, entiende el mundo de forma muy limitada. La pones a ella contra la pared y él solo ve pared, para él solo existe la pared.

ANA: ¿Ahá?

SUSANA: En cualquier caso, no me parece solución dejarla castigada contra la pared.

ANA: Pues tú dirás.

SUSANA: La que tiene experiencia en esto eres tú.

ANA: Pero la que ha estudiado eres tú, influencer.

SUSANA: Yo qué sé, igual es alguna espora, un moho, un hongo...

ANA: Es papá, dentro de mamá.

SUSANA: Cuanto más lo dices más asco me da.

Susana la aparta de la pared y María/padre se acerca al frigorífico. Ana le agarra para que no lo abra. Desde ese momento la lleva agarrada del brazo mientras habla y la moverá de vez en cuando como si fuese una marioneta.

ANA: ¡NOOOOOOO!

SUSANA: ¿Y ahora qué pasa?

ANA: Las cenizas.

SUSANA: ¿Y?

ANA: Yo qué sé. Igual es un shock. Como mirarse al espejo de la muerte... no sé.

SUSANA: Pero, ¿cómo aguantáis esto?

ANA: ¡Uy! Se habla mucho de la cocaína y muy poco del Diazepam. He probado las dos, créeme, mucho mejor el Diazepam, dónde va a parar.

SUSANA: Sin recetas.

ANA: Te sorprendería saber lo cabrones que son los viejos. Diazepam, pampam, por dinero. Diazepam, pampam, por Viagra. Diazepam, pampam, por unas bragas usadas... (Suspira). Ellas también, ¿eh? Yo las ducho y a veces se me va la mano. Si las veo incómodas no, pero algunas se van dejando. Repaso sus pezones más de lo habitual o igual paso los dedos por su culo y arquean sus caderas. La clave son las caderas. (Mira a Susana que no tiene palabras). Muchas son viudas. ¿Sabes cuánto puede llevar una viuda sin que nadie la toque así? (Niega con la cabeza). Todo el mundo aguanta algo. La vida es aguantar. ¿Cómo aguantamos? Seguimos adelante, Susana, seguimos y vamos solucionando sobre la marcha. Tú esto todavía no lo has aprendido.

Pausa, se miran.

ANA: Necesito una croqueta. (Le da el brazo de María/padre a Susana y se va al frigorífico).

SUSANA: ¿Has probado a hacer otra cosa con mamá?

ANA: ...con papá.

SUSANA: Papá... mamá... lo que sea.

Ana le da un mordisco a una croqueta. María/padre comienza a reírse a carcajadas.

SUSANA: ¡Para!

Ana deja de comer y María/padre deja de carcajearse. Ana da otro mordisco y María/padre vuelve a reírse. Ana de nuevo para y María/padre vuelve a parar.

SUSANA: Tiene cosquillas cuando comes croquetas y cuando la pones contra la pared se queda en blanco. (Se acerca a su bolso y le pone a María/padre un libro delante de la cara).

ANA: ¿Qué haces?

SUSANA: Ver qué pasa.

María (padre): «Quizás a estas alturas somos solo un parte de daños tras un siniestro. Cuando el amor hace lo que hace te abre en dos y sorbe dentro. Entonces comienzas a callar lo que te prometiste que jamás callarías. Y todo por amor».

Silencio.

SUSANA: Joder.

ANA: ¿Qué dice?

SUSANA: Creo que es del libro.

ANA: Aquí si alguien ha callado es mamá, no papá.

SUSANA: Ya, porque lo de la posesión es una milonga. Esta es mamá hablando.

ANA: ¿Y cómo conoce ese texto del libro?

SUSANA: No lo sé, pero me estáis tomando el pelo.

ANA: Mamá sufrió muchísimo, lo sabes.

SUSANA: Yo sufrí muchísimo.

ANA: Yo también.

SUSANA: No, Ana. No voy a ir de víctima ahora, pero yo pagué la frustración de mamá con papá.

ANA: Yo también estaba ahí.

SUSANA: Pero yo recibía los gritos y los golpes.

ANA: Ninguna de las dos entendíamos nada.

SUSANA: Éramos niñas... y mamá a ti te quería.

ANA: A ti también te quería. Mamá. Díselo. Mamá. Dile que la querías.

SUSANA: Según tú, mamá ahora mismo es papá.

ANA: Mamá, sal. Aparece. Explícaselo. Explícale lo de ellos. Susana, nosotras somos las originales.

SUSANA: ¿Las originales?

ANA: Nosotras somos las originales. Nosotras estábamos aquí, esperando, y ellos estaban fuera, en otro sitio. Ellos. Esa otra familia estaba... no sé... no sé dónde estaba.

SUSANA: Papá tenía dos familias. Dos vidas. No le importábamos nada y dudo que la otra familia le importase tampoco. Nos manipulaba. Consiguió que mamá se encerrase con nosotras con el cuento de que ahí fuera todo era turbio, tóxico, el mal. Todo era peligroso, impuro... pero él sí salía. Claro que salía.

ANA: Mamá, habla. Tú nos decías que ellos eran como nosotros, que eran parte de la familia.

SUSANA: ¡Basta! ¡Yo no quería venir aquí! ¿Para qué me habéis hecho volver?

ANA: Para ofrecerte esto. Para que nos vuelvas a querer.

SUSANA: Es que yo no quería volver.

ANA: Susana, hemos matado a papá para ti.

SUSANA: Yo estaba bien. Yo ya estaba bien.

ANA: Nunca estuvimos bien. Aquello no era normal.

SUSANA: Sí, yo ya estaba bien, porque esto, lejos, no dolía. Esto lejos no existe.

Silencio.

ANA: ¿No te acuerdas? Mamá nos enseñó a comprender, a aceptarlo.

SUSANA: Y de tanto comprender crecimos como si esto fuese normal, Ana. Y mientras tú vivías en tu mundo yo me llevaba otra paliza de mamá. Me quiero ir de aquí.

ANA: No te puedes ir. Papá está en mamá. No me vas a dejar así. Ya me dejaste sola una vez.

SUSANA: Yo no te dejé sola. Estabas con mamá. Te entendías con ella, yo no.

ANA: ¿Qué remedio me quedaba? ¡Era una niña, joder!

Susana se encamina hacia la puerta. Ana se lanza sobre su madre.

ANA: ¡Sal de mamá! ¡Sal de mamá, cabrón! ¡Sal!

Un estallido y Ana y María salen despedidas. Silencio. Ambas en el suelo. Se miran.

SUSANA: ¿Mamá? ¿Ana?

MARÍA: ¿Qué?

SUSANA: ¿Mamá?

MARÍA: Me siento rara.

Pausa.

ANA: (Comienza a blablar).

SUSANA: ¡Hostia, no!

MARÍA: ¿Eh?

SUSANA: (Señalando a Ana). ¡No, no, no, no, no!

MARÍA: ¡Ah, ya!

SUSANA: ¿Ya?

MARÍA: ¡Ya!

SUSANA: ¿Cómo que ya?

MARÍA: Ya.

SUSANA: ¿Joder, no te impresiona?

MARÍA: No, no, lo lleva haciendo desde ayer...

SUSANA: Y tú también la pones contra la pared.

MARÍA: No, le hago putadas. Le pongo música. Mira. (Pone una canción. Pega su cuerpo al de Ana y comienza a bailar. Va hablando mientras baila). Papá odiaba estos momentos. Odiaba la música, las risas, «Días de carcajadas, preludio del llanto», decía. Odiaba que nos tocásemos. Ahora le obligo. No puede hacer nada. Me pego a él, bailo con él. Le imagino horrorizado ahí dentro sin poder hacer nada. Como nosotras, encerradas, sin poder hacer nada. Ahora le toca a él. Ahora nos toca a nosotras. (Sigue bailando hasta que termina la canción).

SUSANA: Me tomáis por tonta, las dos. ¿Habéis pasado así las últimas veinticuatro horas?

MARÍA: No. Otras veces me siento delante y le suelto todo lo que no le solté cuando estaba vivo. Que eso de marcharse y dejarme sola con las niñas estaba mal. Que no me gustaba que tuviese otra familia. Otra mujer.

SUSANA: Todo eso de las originales.

MARÍA: ¡Ya te lo ha contado tu hermana!

SUSANA: Papá no vivía aquí.

MARÍA: Tampoco vivía allí.

SUSANA: Aquí solo venía de vez en cuando. Preparabas comida para cuatro y nos sentábamos en la mesa como si fuésemos una familia.

MARÍA: Éramos una familia. Su familia. Hecha con sus reglas, eso sí.

SUSANA: No te voy a entender, mamá.

MARÍA: Tu padre decía que éramos una familia nosotros y ellos. También ellos. Era lo mejor para todos.

SUSANA: Papá venía cuando le daba la gana. Nos daba algo de dinero y nos mandaba a la calle.

MARÍA: Y teníamos sexo.

SUSANA: Venía, comía, nos echaba de casa y te follaba.

MARÍA: Y me follaba muy bien.

MARÍA: (Con mucha ternura, se pone delante de Ana/padre, que está blablando). Calla, calla.

ANA: (Deja de blablar).

MARÍA: Me toca a mí ¿Entiendes? Me toca. Estás muerto. Me toca hablar a mí.

Ana/padre: *(Blabla refunfuñando).*

MARÍA: ¡Ssssshhhhhhh!

Silencio.

MARÍA: ¡Nunca me he quejado! ¿Eh? ¡Todo era tan moderno! Venías, te ibas. Todo tan ordenado. Con el calendario siempre presente para saber cuándo tocaba y cuándo no tocaba, cuándo llenar el frigorífico y cuándo atrancar la puerta porque tú no estabas y no querías sorpresas.

Pausa.

MARÍA: ¿De qué tenías miedo? (Mira a Susana y vuelve a hablar con Ana/padre). La niña Susana no entiende nada.

Pausa.

MARÍA: ¿Qué le digo? (Mira a Susana y le habla a ella). Toda la vida he estado equivocada. Toda la vida.

Pausa.

SUSANA: Mamá, ningún amor merece esto. Ningún amor merece aguantar esto.

MARÍA: Amor.

Pausa.

MARÍA: ¿Qué quieres decir con «esto»?

SUSANA: Un marido a tiempo parcial. Un contrato de amor fijo discontinuo en el que, además, solo uno hacía lo que le daba la gana cuando le daba la gana. Esto.

Silencio.

SUSANA: Ningún amor lo merece. Mi amor por mis padres tampoco. A los dieciséis me llevé mi último bofetón. ¿Te acuerdas? Tuve que ir al instituto con el labio roto y fingiendo que era torpe y me había cortado con un vaso. Ningún amor merece esto. Esto. Esto. (Se señala diferentes partes del cuerpo).

Silencio.

MARÍA: Cuando dices «esto», te equivocas. «Esto» no es eso que tú piensas.

Pausa.

MARÍA: No sabes lo que es «esto».

SUSANA: ¡Vaya! «¡Todo era tan moderno!», pero ahora solo veo algo peor que antiguo, una mujer infeliz que tragó, dejó a su marido hacer y deshacer lo que le dio la gana. Una mujer que lo justificaba antes y que lo sigue justificando. Una mujer que pagaba su frustración con su hija mayor.

MARÍA: Papá nos quería a su manera.

SUSANA: Su manera era la de un tipo manipulador y despreciable.

MARÍA: ¡Eso no es así!

Pausa.

MARÍA: ¡Yo no sabía qué hacer! ¡No sabía qué hacer contigo!

Silencio.

MARÍA: ¡«Esto» se acaba hoy!

Ana/padre se lanza a taparle la boca a María. Susana golpea a Ana/padre y la separa de su madre.

SUSANA: ¿Qué haces?

MARÍA: (Hablándole a Ana/padre). Estás muerto. ¿Qué más da ya?

Ana/padre vuelve a intentar echarse sobre ella, pero esta vez María y Susana la inmovilizan con violencia. Ana/padre blabla muy alterada. María y Susana hablan por encima de la voz de Ana/padre.

SUSANA: ¿Pero qué coño?

MARÍA: Pase lo que pase, te quiero mucho, Susana.

SUSANA: ¿Qué dices, Mamá?

MARÍA: Que te quiero mucho, que siempre te he querido mucho. Que yo no soy mala, solo estaba equivocada.

SUSANA: Mamá, eso no justifica nada de lo que sucedió.

MARÍA: (La corta). Yo no soy tu madre.

Ana/padre: *(Deja de blablar).*

Silencio.

MARÍA: Yo no soy tu madre, Susana.

SUSANA: Mamá...

MARÍA: No.

SUSANA: ¿Qué estás diciendo?

MARÍA: Eres su hija, pero no eres hija mía. Eres hija de la otra.

Ana/Padre vuelve a blablar, esta vez recriminándole algo a María. Ambas le gritan.

María/**SUSANA:** ¡Calla!

Silencio.

SUSANA: Pero, ¿qué habéis hecho? ¿Qué coño habéis hecho?

MARÍA: Fue tu padre.

SUSANA: Y tú le seguiste.

MARÍA: ¿Qué iba a hacer?

SUSANA: ¿Cómo que qué ibas a hacer? ¿Cómo que qué ibas a hacer?

MARÍA: Hubiese hecho cualquier cosa por mis hijas.

SUSANA: ¿De qué va todo esto? Ma...

Silencio.

MARÍA: Puedes seguir llamándome mamá.

Silencio.

SUSANA: No puedo con esto.

MARÍA: Un día te trajo a casa.

SUSANA: ¿Y ya está?

MARÍA: Le pregunté un par de veces.

SUSANA: ¿Y?

MARÍA: Me amenazaba con irse de casa si volvía a sacar el tema. Que nos abandonaría.

Ana/Padre: *(Vuelve a intentar blablar).*

SUSANA: ¡Te vas a callar! ¿Eh? ¡Te callas ya! ¡Que estás muerto, coño!

Ana/Padre: *(Deja de blablar).*

SUSANA: ¡Si vuelves a blablar no sé lo que hago! (A María). Te amenazaba con irse ¿Y? ¿Eso es todo?

MARÍA: Y yo no quería que me dejase sola.

SUSANA: ¡No se puede ser más cobarde! ¡Que te trajo a una niña que no era tuya y nadie hizo nada! ¡Que me sacó de mi casa y nadie hizo nada! ¿Y mi madre? ¿Mi madre? ¿No denunció a la policía?

MARÍA: Susana, todos éramos una familia. Aquella familia y esta familia. Ellos y nosotros.

SUSANA: ¿Qué dices?

MARÍA: Fue un intercambio. También se llevó una hija mía allí.

Silencio.

MARÍA: Fue una forma de que entendiésemos que compartíamos una familia. Ellos allí, nosotros aquí. Todos. Una misma familia. Desconocidos, pero amados.

SUSANA: ¡Te quitó a ti una hija y a ella, aquella otra mujer que aguantaba como tú, le quitó otra hija para que ninguna de las dos hablaseis de más! ¡Para manteneros bajo su control! ¡Para que no fueseis a la policía, a nadie, con la historia!

Pausa.

SUSANA: ¿Y Ana? ¿Ana sabe que yo no soy su hermana?

MARÍA: (Niega con la cabeza).

SUSANA: ¿Sabes quién es mi verdadera madre?

MARÍA: (Asiente con la cabeza).

Ana/Padre comienza a blablar muy enfadado. Susana le agarra por el cuello.

SUSANA: ¡Te lo advertí!

Le agarra por el pescuezo y le lleva con violencia hacia el frigorífico.

SUSANA: ¡Estás muerto, cabrón! ¡Tu hija y tu mujer te han matado! ¿No lo entiendes? ¡Lo vas a entender! (Le mete la cabeza en el frigorífico para que vea la urna).

MARÍA: ¡Susana, no!

SUSANA: ¡Mira, papá, eres eso que está en la puta urna! ¡No eres nada! ¡Polvo, en una puta urna, dentro del frigorífico! ¿Qué queda de ti? ¿Qué queda de tu gran fantasía? ¿Qué queda? ¡NADA!

Ana/Padre comienza a gritar de pavor. María se tensa y caen Ana y María al suelo. Silencio.

SUSANA: ¡Joder! ¡Qué puta mierda de familia! ¿Y ahora qué? (Las empuja con el pie. Se mantienen inmóviles. Al ver que no reaccionan se agacha a ver si respiran). ¡Siguen vivas! (Comienza a dar vueltas a la habitación muy alterada). Necesito calmarme. Necesito pensar. No sois mi familia. Tengo que encontrar a mi madre. A mi verdadera madre. No sois mi familia. Tantos años jodida y no sois mi familia. Podría dejaros aquí tiradas y ya no importaría.

Ana y María comienzan a levantarse y a mirarse con extrañeza. Se señalan y comienzan a blablar a la vez.

SUSANA: Me habéis hecho volver aquí. El puto chantaje de que la familia es lo más importante. (Con voz de burla). «Papá ha muerto. Ven a despedirte». Papá sí era mi familia y era un agujero de maldad. ¿Me escuchas, papá? La familia es un puto monstruo. No estamos atados para siempre.

Pausa.

SUSANA: Yo no soy una de las originales.

Pausa.

SUSANA: Ojalá hubiese conseguido quemar este puto apartamento.

Ana y María miran a Susana y blablan pidiéndole explicaciones de forma muy agresiva.

SUSANA: Ya vale con esta pantomima. No aguanto más. Esto os jode, ¿no? (Pone música). Se acabaron las tonterías.

Ana y María bailan afectadas por la música. Es más un balanceo de hombros, cintura y muñecas. Un contoneo juguetón. Susana coge una croqueta de las que quedan en la mesa y la levanta en alto. María y Ana se asustan y hacen gesto de acercarse.

SUSANA: ¡Vade retro, joder! Os lo voy a preguntar solo una vez. ¿Quién es mi madre?

Siguen intentando acercarse. Aprieta con rabia la croqueta y la deshace. María y Ana se retuercen como si una descarga eléctrica las atravesase y luego siguen bailando.

Susana coge otra croqueta y vuelve a amenazar con ella en alto.

SUSANA: He estado sola toda mi vida. Engañada por todos vosotros. ¿Quién es mi madre?

María y Ana hacen el amago de moverse hacia ella. Susana vuelve a apretar la croqueta y vuelven a retorcerse durante unos segundos. Luego pasa. Esta vez Ana consigue acercarse lo suficiente y se lanza sobre ella. Susana coge una tercera croqueta y agarra a Ana del cuello. Ana baila pese a todo. Susana le habla a María.

SUSANA: ¿Quién es mi madre?

María trata de lanzarse a por Susana. A Susana le pilla por sorpresa y sin pensarlo le estampa la croqueta en la frente. Ana, agarrada por el cuello, vuelve a retorcerse mientras María cae muerta en el suelo.

Silencio.

Susana sigue agarrando por el cuello a Ana mientras mira el cuerpo de María. Lo golpea con el pie. Ana blabla aterrada.

SUSANA: Está muerta, papá ¡Por tu culpa está muerta!

Silencio.

SUSANA: ¡Dios!

Pausa. Suelta a Ana. Quita la música. Ana blabla y se acerca a Susana intentando explicarse.

SUSANA: ¡Necesito silencio! ¡Déjame!

Ana sigue blablando. Susana coge otra croqueta.

Ana/padre mira con pánico. Silencio.

SUSANA: ¿Qué pasa si me la como?

Pausa.

SUSANA: ¿Sabré quién es mi verdadera madre si me la como? ¿Seré capaz de saber lo que tú sabes?

ANA: (Vuelve blablar. La regaña como a una niña).

SUSANA: ¡El diario!

Susana empuja a Ana. Ana enfurecida se echa encima de Susana que, sin pensarlo, le aplasta la croqueta en la frente. Ana cae muerta.

Silencio.

SUSANA: (Observa la habitación. Se mueve muy despacio. Confirma que las dos están muertas en el suelo. Se pone de pie y vuelve a observar la escena. Se acerca a Ana y comienza a rebuscar en los bolsillos. No encuentra lo que quiere hasta que finalmente saca un porro. Va a la cocina y coge unas cerillas. Enciende el porro y le da unas caladas. Vuelve a mirar los cuerpos inmóviles en el suelo. Da una calada profunda). No vas seguir jodiendo en este mundo. (Vuelve a la cocina. Coge un paquete de harina. Sigue fumando. Se acerca al frigorífico, saca la urna y la deja al lado de María y de Ana. Comienza a esparcir harina por encima de los tres. Fuma y observa su obra. Mira el porro). No recordaba el hambre que da esto. (Sigue fumando. Sale de escena hacia la habitación de la madre. Vuelve con el diario entre las manos. Recoge sus cosas. Abre la puerta para marcharse. Mira hacia atrás. Saca una cerilla y la enciende. Mira la cerilla y sonríe).

Oscuro.

Suena cómo comienza un enorme incendio.

Epílogo

PIEZAS Y CROQUETAS

Cuando era pequeño, no hay nada que me gustara más que ver de qué estaban hechas las cosas. Así que destripaba todo tipo de juguetes y objetos que caían en mis manos. La curiosidad por ver cómo funcionaban, cómo eran por dentro, de qué material estaban hechos, me hacía disfrutar de una emoción tal que acababa con cualquier cosa que llegaba a ellas. Ver su interior era el clímax, aunque luego no supiera recomponerlo.

Con esta obra de Alonso me ha pasado lo mismo, solo que esta vez he podido ser un espectador de lujo del interior desde el principio; hasta llegar a la total construcción de *La belleza de matar bien a papá*.

«Quiero escribir algo sobre el asesinato, me gustaría hacer como un manifiesto del crimen...», creo recordar que es lo primero que oí sobre este proyecto. Estábamos en el taller de dramaturgia de José Padilla en la escuela Raquel Pérez de formación actoral. Yo me quedé perplejo. A partir de ahí, mi curiosidad me hizo esperar con ansias todas las novedades que iba trayendo de su obra. Pequeños fragmentos que nos leía a un grupo de privilegiados que escuchábamos sus avances.

Ana, María y Susana iban creciendo cada vez más hasta tejer una trama que tiene una mezcla perfecta entre *Las diabólicas* de Henri-Georges Clouzot y *La comunidad* de Álex de la iglesia. Me vienen a la mente referencias cinematográficas porque leyendo este juguete dramático maravilloso, siempre veo la versión teatral, pero también me imagino la versión cinematográfica porque tiene algo visual muy potente.

Una madre y dos hijas, un reencuentro, la familia, la necesidad de ser únicos, de ser amados, de escapar del dolor, de comprender y una receta de croquetas fuera de lo común. Tejer la historia de esta familia disfuncional a través del terror, el amor y el humor y conectar de esa manera desde la primera página hace que sepas que estás ante una pequeña joya.

Ver el interior de *La belleza de matar bien a papá* y disfrutar de todas sus piezas, de principio a fin, ha sido como cuando iba desmontando aquel camión pieza a pieza para ver cómo corría, y descubría que en su interior había un engranaje perfecto para su funcionamiento.

Como dice Susana: «...el artista no busca la belleza en sí misma, busca la verdad, por oscura que sea, lo que nos hace humanos».

David González

Actor y Codirector de Raquel Pérez Formación Actoral

La belleza de matar bien a papá fue terminada en abril de 2024 en el marco del Taller de dramaturgia de Raquel Pérez Formación Actoral impartido por Jose Padilla.

Este libro se terminó de editar en Granada

en mayo de 2024 por

Aliarediciones

www.aliarediciones.es

info@aliarediciones.es